WORK
IN PROGRESS

Ministero dell'Università e della Ricerca
Alta Formazione Artistica e Musicale
Accademia di Belle Arti di Foggia

DISTRIBUZIONE   Lulu.com
ISBN 978-1-291-74301-2

COORDINAMENTO ARTISTICO   Antonino Foti
Domenico Carella
Antonio Nasuto

PROGETTO GRAFICO, IMPAGINAZIONE E FOTOGRAFIE   Pietro Lionetti
Rossella Massa
Antonia Potito
Francesca Rotordam

EVENTO   **Arte e lavoro**
Mostra collettiva **"Work in progress"** 18 - 19 febbraio 2014
Auditorium Formedil - Foggia

SOMMARIO

+Lavoro+Arte

Domenico Carella

Che cos'è l'arte? Che cos'è il lavoro??? Sono due mondi opposti? Oppure due mondi che collimano??? Oggi è difficile affermare, con la crisi che c'è in giro, cosa ha più importanza-necessità per l'uomo: la cultura-ricerca o il pane quotidiano-sostentamento.

Sicuramente sono due aspetti della vita che vanno di pari passo.

Oggi per un artista è difficile sopra-vivere con il proprio lavoro artistico, farlo diventare una professione; vivere solo di Arte. Molti cercano un secondo lavoro, se va bene puntano all'insegnamento di materie attinenti al proprio percorso formativo; altrimenti cercano un qualsiasi lavoro, purché retribuito, per far fronte agli impegni artistici. E' capitato a molti allievi di qualsiasi università di pagarsi gli studi mantenendosi con un piccolo lavoro. Purtroppo (è un dato incontrovertibile) la scuola non è per tutti, tanto meno per i bravi, ma per chi ha la possibilità economica di pagarsi gli studi, e questo non è garanzia di qualità nè per il presente nè per il proprio futuro.

Sicuramente è importante quanto credi nel tuo progetto, e quanti sacrifici sei disposto a fare per il raggiungimento degli scopi prefissi. Il sacrificio, oltre a formarti artisticamente (Accademia o altro) ti forma nella vita di tutti i giorni, ti aiuta a crescere e a diventare uomo, con i lati positivi e negativi che le scelte comportano.

Può sembrare una perdita di tempo, fare un altro "lavoro", non attinente a quello che si studia o si è studiato, ma dipende da individuo a individuo.

Ogni esperienza serve per il proprio lavoro-operazione, artistica-intelletuale-culturale.

Bisogna avere una meta, un sogno da vivere pienamente, bisogna essere sempre concentrati sul proprio obiettivo.

Questo testo, non critico, non di citazioni colte, ma di vita reale/vissuta, vuole essere un contenitore, un crogiuolo di riflessioni, sul "lavoro" e l'"arte". Per capire, fino in fondo, quali saranno le aspettative, per chi intraprende un "mestiere/professione" come quello dell'arte visiva... il sacrificio aiuta a capire cosa fare da grandi.

Buon lavoro e buona arte a tutti!!!

L'arte sociale
Antonino Foti

Arte e lavoro, un binomio spesso imprescindibile, se consideriamo i moti sociali che hanno scandito il mondo all'inizio del XX secolo, moti ai quali, il più delle volte, categorie di artisti si rifacevano e verso i quali si proponevano come megafono. Se prendiamo come esempio l'opera considerata l'icona dell'arte applicata al sociale, *Quarto Stato* di Pellizza da Volpedo, ci rendiamo conto di come l'artista percepisse gli stravolgimenti sociali (la legge Giolitti, che dava dignità agli operai, donne e bambini), di come li decodificasse e di come li rendesse manifesto politico.

Questo concetto, spesso in contrapposizione con un'idea edulcorata dell'arte, ci insegna che il compito di un artista, a prescindere da come si pone nei confronti del mondo, rimane quello di "mediatore" tra ciò che lo circonda e la percezione che l'uomo ha dello scibile. Da qui la nascita di un linguaggio personale o, se vogliamo, di una sorta di sintassi artistica, di un'impronta propria ad una visione precisa delle cose in grado di instaurare un rapporto tra l'autore e l'osservatore, il quale "adotta" l'opera e la fa sua in rapporto alla sua visione del mondo, fermo restando al concetto di libertà d'espressione e non di un uso propagandistico che, tuttavia, certi regimi hanno messo in pratica.

In un'epoca in cui il sensazionalismo la fa da padrone e di come questo costituisca una cartina di tornasole della tendenza sociale imperante, concepire l'arte come mezzo espressivo – nell'accezione più pura del termine – al servizio del sociale, diventa quasi una sorta di anacronismo dal quale rifuggire, in quanto le logiche dominanti, proprie alla società dello spettacolo, giocoforza, trovano terreno fertile anche (o, soprattutto) nell'arte. Tuttavia, la velocità con cui si fagocita la novità e di come essa diventi subito "già visto", impone una riflessione seria su come un certo tipo di arte abbia tutto il diritto di tornare in auge, se non altro per motivi legati alla mera fruizione, in maniera tale da ricondurre l'opinione pubblica, spesso mortificata da linguaggi eccessivamente criptici nella loro percezione, su un percorso di comprensione e di condivisione verso tematiche alle quali anche l'arte contribuisce ad amplificarne gli effetti. Non è certo, la mia, una chiusura al contemporaneo, ma di un allineamento su di in piano sintattico (artisticamente parlando) fruibile in maniera meno "pruriginosa", senza fraintendimenti, democratica e "sociale", se per sociale si intende l'opportunità di rendere l'arte una coperta sotto cui riscaldarsi, sotto cui sognare una società giusta ed equa, sotto cui programmare la fine di una serie di iniquità proprie al mondo del lavoro, di cui la società contemporanea e civilizzata continua di essere colpevolmente responsabile.

L'utopia di Morris
ANTONIO NASUTO

"*Ho tentato di rendere ogni mio lavoratore un artista, e quando dico un artista intendo dire un uomo*". A detta di Oscar Wilde questa frase gli fu confidata da un grande uomo, che dell'artista aveva molto e che fu, in quei tempi, un rivoluzionario. Quest'uomo era William Morris.

Parole dette in un periodo storico difficile: gli ultimi decenni del XIX secolo quando la Seconda Rivoluzione industriale era in pieno sviluppo. La nascita dell'industria decretò la morte di molte attività artigianali, generando una nuova popolazione di contadini urbanizzati, che lasciavano le campagne attirati dal miraggio di un lavoro in città, più comodo e sicuro. Da contadini si trasformarono in operai subendo una doppia beffa: l'abbandono delle proprie radici con conseguente perdita d'identità e la conquista di un lavoro massacrante senza la gratificazione di un salario equo. Mancava in più la soddisfazione di realizzare un buon lavoro perché la produzione industriale di serie era priva di ogni pregio.

In questo contesto la figura di Morris appare rivoluzionaria. Egli affermava l'importanza di restituire al lavoro operaio quella spiritualità che era stata soffocata dall'uso delle macchine. Cercò di ridare importanza al lavoro manuale avendo il coraggio di affermare che era l'unico capace di creare qualcosa di utile e bello.

"*Un uomo al lavoro... esercita l'energia della sua mente e della sua anima, così come quella del suo corpo. Non solo i suoi pensieri, ma i pensieri degli uomini delle epoche passate guidano le sue mani, e come parte dell'umanità egli crea.*" Parole davvero difficili in quei tempi e che affrontavano problemi che nemmeno in futuro si osò affrontare, per timore di apparire ingenui e anacronistici. Morris parlava di un mondo, dove il lavoro doveva essere gioia e creazione artistica in opposizione alla scienza e alla tecnologia.

Le sue convinzioni avevano un grosso limite: il costo. Un prodotto industriale è meno pregiato di un'opera artigianale, richiede minor tempo e quindi costa meno, bastava accontentarsi di prodotti seriali e scadenti, con buona pace dell'arte. Anche i lavori di Morris inizialmente erano costosi e destinati ai ceti più alti. Lui però si proponeva di portare la bellezza a tutti e si prefisse di conciliare la produzione industriale con l'arte per ottenere prodotti che, pur se di costo contenuto e realizzati in serie, avessero comunque un bel disegno e fossero di un certo pregio. Questo grande artista si pose anche il problema di cercare di cambiare il concetto di lavoro. Si chiese come fare perché esso non causasse sofferenza e pena nell'uomo. Un lavoro ideale doveva garantire il riposo e non quello stretto necessario per recuperare le forze ma abbastanza lungo da rendere il lavoratore libero da preoccupazioni e ansie. E poi c'era l'obiettivo più difficile, senz'altro il più rivoluzionario: il lavoro doveva risultare un piacere ed è da qui che nasce il connubio tra lavoro e arte. Morris proponeva un ritorno a condizioni di vita e di lavoro di matrice medioevale perché, secondo lui, l'arte nel Medioevo, suscitava gioia in chi la produceva poiché fatta dal popolo per il popolo. Da qui il rifiuto dell'interferenza industriale, in ogni campo, dalla decorazione all'architettura, auspicando il ritorno dell'artigianato e del lavoro manuale per ridare agli artigiani il legittimo titolo di artisti.

Quando si parla di arte e lavoro la mente non può che andare a questo grande personaggio storico, che contribuì alla nascita di numerose scuole d'arti e mestieri, che sottopose all'attenzione dell'arte il rinnovamento dell'artigianato connesso alla produzione manuale moderna e che gettò le basi dei principi del design moderno.

PRIMO CLASSIFICATO

valeria **PETRUZZELLI**

ex aequo SECONDO CLASSIFICATO

alessandra **NUZZI**
antonio **PETRONE**

ex aequo TERZO CLASSIFICATO

diletta **CIANNARELLA**
nicola **RENNA**

Valeria Petruzzelli
Natura morta
Foto e stampa digitale, 110 x 85 cm

Alessandra Nuzzi
Lavoro, sangue e fatica
Acrilico su tela, 60 x 50 cm

Antonio Petrone
Principio nono
Pennarello su tela, 70 x 50 cm

Diletta Ciannarella
Il lavoro uccide
Penna su carta, 52 x 52 cm

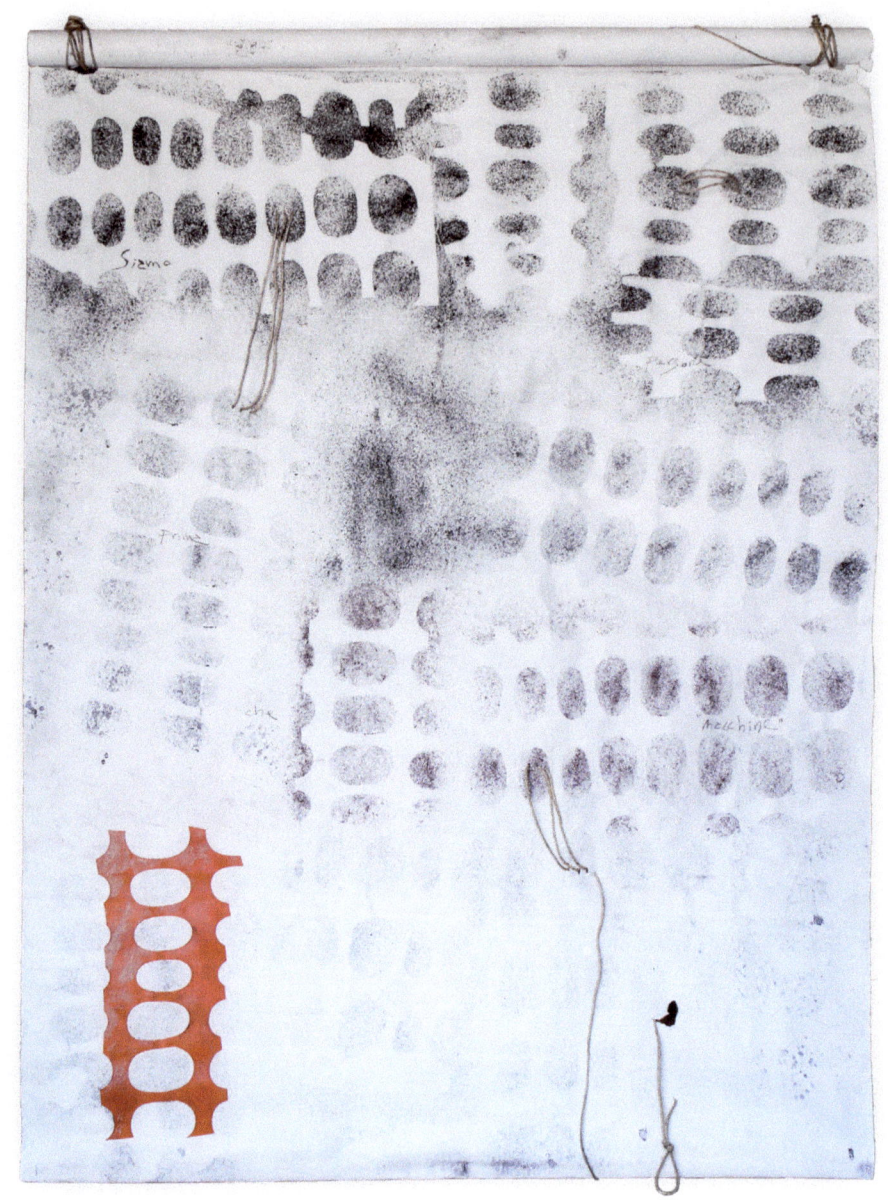

Nicola Renna
Tracce nel tempo
Carta, corda, carboncino e plastica, 130 x 100 cm

OPERE SELEZIONATE

CESCO
alessio **CIOCIA**
moreno **CURIELLO**
azzurra **DI VIRGILIO**
FRABISMA
francesca **GIULIANI**
cinzia **LECCE**
francesco **LEONE**
lino **MOCERINO**
louis antonio **PALUMBO**
michele **PARADISO**
valeria **PETITO**
elena **SDERLENGA**
simone **TRIPALDI**
antonietta **TUDISCO**

Cesco
Worker Texas Ranger
Acrilico su tela, 100 x 80 cm

Alessio Ciocia
Lavoro
Illustrazione digitale, 41 x 22 cm

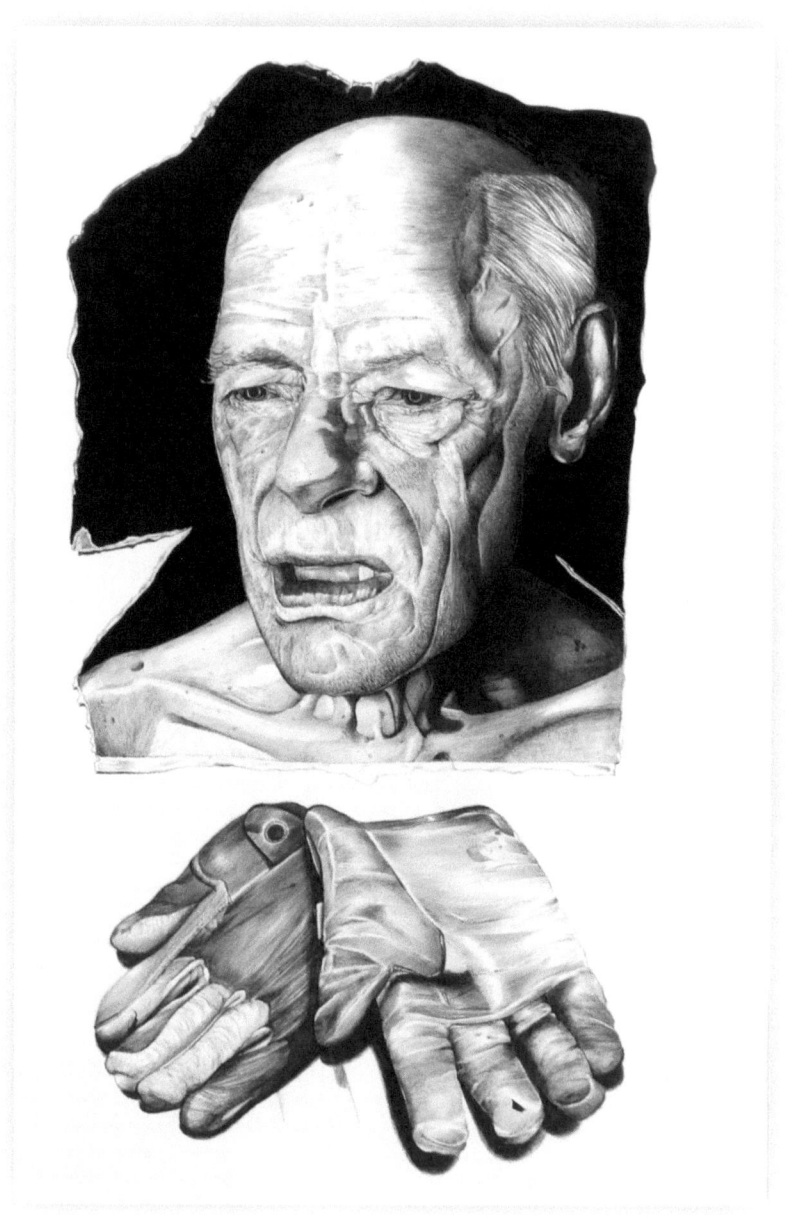

Moreno Curiello
L'operaio
Bic su F4, 43 x 29 cm

Azzurra Di Virgilio
Abbandonato in soffitta
Acrilico su tela gallery, 80 x 80 cm

Frabisma - Francesca De Gianni, Maria Libera Russo
L'Italia che lavora
Stampa fotografica su carta opaca, 30 x 40 cm

Francesca Giuliani
Lavori in corso
Photomerge, 120 x 30 cm

Cinzia Lecce
Control over work
Acrilico su tela, 70 x 50 cm

Francesco Leone
Autoritratto - il lavoratore più felice del mondo
Acrilico su tela, 60 x 60 cm

Lino Mocerino
Dusty data
Video installation, 1024 x 768 px

Louis Antonio Palumbo
Ritratto di Giuseppe di Vittorio
Olio su tela, 70 x 50 cm

Michele Paradiso
Domani? Lavoro? Futuro?
Collage, 123 x 80 cm

Valeria Petito
Radici
Assemblage polimaterico, 115 x 57 x 21 cm

Elena Sderlenga
Dream of a future
Acrilico su tela, 50 x 60 cm

Simone Tripaldi
Impassible?
Terra cotta patinata, 40 x 30 x 22 cm

Antonietta Tudisco
Scultura
Acrilico su tela, 50 x 50 cm

POESIE

maria pompea **CARRABBA**

maria rosa **DI DONNA**

ella clafiria **GRIMALDI**

adele **LIBERO**

salvatore **PASQUALE**

felice **ZINNO**

Morire al Tempo della Crisi

Maria Pompea Carrabba D.R.

Altre morti, altri suicidi,
non lasciamo che diventino
la solita notizia del giorno.
NO alla Morte.
Alziamo la voce,
che il nostro SI alla VITA
diventi FRAGORE per essere
vicini a coloro che
vivono oggi
la drammaticità
di una crisi che strangola.
Diamo loro una voce di speranza.
Non c'è notte
che non conosca
la luce del giorno,
non c'è disperazione
che non abbia via d'uscita,
non c'è denaro
al quale sacrificare la propria vita.

Scegliere di morire
non può essere
una scelta della vita.
La vita è dono,
è preziosa la vita!
Io dico a voi forza
non sacrificate la sacralità,
la preziosità della vostra vita
sull'altare infame del vile denaro,
sull'altare infame dell'indifferenza
altri hanno da pagare
il debito delle loro ingiustizie.
Tu invece sei uomo e
solo per questo la tua vita
vale la pena di essere vissuta.
Tu uomo non puoi morire!

Ultima spiaggia

Maria Rosa Di Donna

Arrivano i gommoni
occhi spenti
speranze perse
immense acque in agguato.
Tetro il viaggio
un barlume di luce
la nostra Italia.
Si giocano tutto per arrivare
c'è chi li sfrutta
cadono nell'abisso.
O patria mia
da te l'amor non manca
abbracciare tutti sai fare
chiami tutti fratelli
anche i loro cuori palpitano.
Madre generosa
Italia mia
Ultima spiaggia
speranza che consola.

Bambini Lavoratori

Ella Clafiria Grimaldi D.R.

Bambini soli
abbandonati
in un mondo grigio
senza colori
senza amore
usati come i tori.
Bambini lavoratori.
Eccesso mancanza
ignoranza disuguaglianza.
Bambini deboli e affamati
senza giochi
accartocciati
senza penna
senza voce,
di stracci vestiti
nell'ombra sfruttati.
Bambini senza tempo
cresciuti troppo in fretta
in questa vita maledetta.
Bambini senza fiabe
senza viso
senza nessun sorriso.
Bambini lavoratori
questo grido di dolore
in un mondo senza cuore.

**Tu mangerai il pane
col sudor del tuo volto,
fin che tu ritorni in terra donde
fosti tratto perché sei polvere ed
in polvere ritornerai** *(Genesi 13-19-24)*

Adele Libero D.R.

Che sia solco per germinare frutto,
o ulivo tagliato
per aumentar raccolto.
Che siano ore passate alla catena,
ad avvitar bulloni
della stessa vettura,
dello stesso colore.
Che sia acciaio fuso,
a mille e mille gradi,
da facce annerite,
da corpi sudati.
Che sia il bravo stilista,
ricco di fantasia,
che sia anche un artista
che scrive una poesia.
Tu scava dentro
e troverai dolore,
ma anche senso di pienezza,
la vita è vera solo se lavori,
se hai pane e dignità:
la tua ricchezza.

'O Lavoro

Salvatore Pasquale D.R.

Cumme se po' parlà 'e lavoro?
A che l'ommo venette 'o munno
pe putè campà
avetta faticà.
E maje cosa cchiù 'mpurtante
ce stà cumme 'o lavoro,
levate 'o lavoro a n'ommo
l'avite accise,si,accise.
Senza 'o lavoro
se perde pure 'a dignità
e se sentene cose ca...
te fanne chiagnere.
Chi se leva 'a vita pecchè
nun trova 'nu lavoro
o pecchè l'azzienda soja
chiude e se ne và...
'A storia c'arricorde
e quanno se parteva
pe terre assaje luntane
l'emigrante,chiagnenne
jeve cercà furtuna.
A tutta Italia partevane
p'America luntana.
Mò so sule ricorde chilli tiempe
ma pare ca pure 'o lavoro
è sulo 'nu ricordo...
'e giuvane manco sanno che d'è 'o lavoro...
Se studia l'anne sane e po...
se và 'a cerca 'o lavoro
cumme 'na merce rara
e chi te dà lavoro
è cumme si s'accattasse 'a vita toja.
Si na femmena le dice 'o capo felice
ca aspetta 'nu criature...
vene licenziate e te salute
'o lavoro,pe tantu tiempe
'na cosa normale..
Mò invece è cumme a ghì
'a caccia e l'oro....
'O lavòr...

Il lavoro *(traduzione)*

Salvatore Pasquale D.R.

Come si può parlare di lavoro?
Da che l'uomo è venuto al mondo
per poter campare
dovette faticare.
E mai cosa più importante
c'è più del lavoro,
togliete il lavoro ad un uomo
lo uccidete,si,lo uccidete.
Senza il lavoro
si perde pure dignità
e si sentono code che...
ti fanno piangere.
Chi si toglie la vita perché
un lavoro non lo trova
o perché la sua azienda
chiude e se ne va...
La storia ricorda
di quando partivano
per terre molto lontane
l'emigrante,piangendo
andava a cercar fortuna.
Da tutta l'Italia partivano
per la lontana America.
Ora quei tempi son solo dei ricordi
ma sembra che pure il lavoro
sia solo un ricordo...
i giovani manco lo sanno che cos'è il lavoro..
si studia per anni e anni e poi..
si va in cerca di lavoro
come fosse merce rara
e chi te lo da un lavoro
è come si comprasse la tua vita.
Se una lavoratrice dice capo tutta felice
che aspetta un figlio...
viene licenziata, e ti saluto
il lavoro,per tanto tempo
una cosa normale.
Ora invece è come andare
a cercar oro...
Il lavoro...

...Lavorare

Felice Zinno D.R.

Le mani che stringono il silenzio
la luce ci confonde
la memoria diventa un labirinto.

Il cammino che rimane da fare
passo dopo passo
il dubbio oltre l'orizzonte.

abafg

71121 Foggia - Corso Garibaldi, 35
tel 0881.726301 - fax 0881.709072
abafg@argopec.it - segreteria.direzione@abafg.it
www.abafg.it

ACCADEMIA di BELLE ARTI di FOGGIA

CORSI DI LAUREA ACCADEMICA PRIMO LIVELLO

PITTURA
SCULTURA
DECORAZIONE
DECORAZIONE IND. IN ARREDO URBANO
SCENOGRAFIA
GRAPHIC DESIGN
MODA E COSTUME
NUOVE TECNOLOGIE DELL'ARTE

CORSI DI LAUREA ACCADEMICA SECONDO LIVELLO

PITTURA BIENNIO
DECORAZIONE BIENNIO
DECORAZIONE IND. ARTE AMBIENTALE E SPAZIO PUBBLICO
SCENOGRAFIA BIENNIO
GRAPHIC DESIGN BIENNIO
PRODUCT E SPACE DESIGN

infoline: **0881 726301**
dal lunedì al venerdì
dalle ore 12.00 alle ore 13.00

Segreteria:
lunedì
dalle ore 15.15 alle ore 16.15
martedì, giovedì e venerdì
dalle ore 10.00 alle ore 12.00

Evento promosso da:

Lulu.com
3101 Hillsborough Street
Raleigh, NC 27607

USA

Printed in 2014